Y+

Ye 13907

ÉPITRE

PHILOSOPHIQUE

A MON AMI B***

SUR LES TORTILLEMENS

De la Gent orgueilleuse, avide et bigote.

DE L'IMPRIMERIE DE GAULTIER-LAGUIONIE,
HÔTEL DES FERMES.

ÉPITRE

PHILOSOPHIQUE

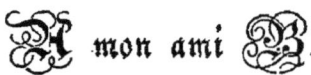 À mon ami B.

SUR

LES TORTILLEMENS

DE LA GENT ORGUEILLEUSE, AVIDE ET BIGOTE.

Par Albus,

Auteur des *Promenades philosophiques autour de mon village*.

> Oui, voilà donc les maux que fait la gent bigote...
> Eh ! qui ne croirait pas que le pouvoir radote,
> En souffrant sous ses yeux un tel égarement !
>
> Page 25.

Deuxième Édition.

PARIS,

Chez { LEVAVASSEUR, Libraire, Palais-Royal ;
      MONGIE, Libraire, Boulevart des Italiens ;
      ET TOUS LES MARCHANDS DE NOUVEAUTÉS.

1829.

des succès glorieux, et même la palme de la victoire.

Mais on ne doit pas attendre d'une tête endommagée par le sabre de l'ennemi, une de ces conceptions neuves, hautes et lumineuses, qui honorent l'esprit humain. Ces grandes conceptions, on le sait, sont assez rares aujourd'hui; parce que, sur cette terre classique du courage et de la gaîté, de la bonne plaisanterie et du plaisir, là où les épigrammes, les vaudevilles et les chansons ont un droit de bourgeoisie, on a une certaine prédilection pour les enfans cadets de la littérature; non que je veuille justifier cette tendresse aveugle et peut-être blâmable, mais je dois dire que, pour mon compte, quatre Cosaques du Don, ou quatre Russes à longues moustaches, me causeraient peut-être moins d'effroi que quatre gros volumes d'un ouvrage nouveau. C'est ce sentiment en moi qui m'a fait précisément extraire cette petite Épître, d'un in-8° que je publiai l'an passé (1), auquel le public a donné peu d'attention, préoccupé qu'il était sans doute (et je m'empresse de le dire) des

---

(1) Promenades Philosophiques autour de mon village, par ALBUS.

intérêts graves de la session des Chambres ; raison excellente que peut donner l'amour-propre le plus vigoureux d'un auteur délaissé. Excuse d'autant plus heureuse, que son Excellence Monseigneur le ministre de Martignac n'en donnerait pas de meilleure pour ses poésies fugitives. J'ai pensé donc qu'il n'était pas impossible qu'un écrit court et rapide pût surnager au milieu d'un déluge de livres de toute façon dont la France est inondée, sans prétendre pourtant que ma mince brochure soit dans ce cas. Mais je n'ignore point que ces sortes d'opuscules, semblables aux mouches qui piquent, vont quelquefois jusque sur le duvet moelleux et magnifiquement enveloppé, émouvoir la bienheureuse nonchalance d'un ministre.

Viennet me dira :

Vous pensez sensément ;
Mais quand on est ministre on raisonne autrement.

Eh ! sans doute ; qui ne sait qu'ils aimeraient mieux voir toute la critique en in-folio ? parce que là, dormant elle-même, elle ne causerait aucune insomnie ; et nul, certainement, n'irait la déterrer pour troubler son sommeil.

Enfin, n'aurais-je produit, au total, qu'une charade et même qu'un calembour, ce qui, sans contredit, est le point le plus bas, ou, pour mieux dire, le dernier bout de l'échelle littéraire et spirituelle, j'aurais du moins la satisfaction et même le mérite d'avoir encore une fois fait feu sur l'ennemi. Non pas que je veuille dire que notre ministère ait des intentions hostiles ni qu'il veuille attenter à nos libertés. Ses premiers actes ont rassuré la France, trop justement alarmée par l'infâme administration du défunt triumvirat; et ses organes ont toujours été, et sont encore, incontestablement, d'une politesse exquise envers tout le monde; mais voilà tout. Si la faiblesse ne dépend pas de soi, si bien la volonté!... Verrons-nous bientôt, parmi les censeurs à la demi-solde, quelque nouveau *Favorin* ou quelque téméraire *Providelli*, qui ont fait l'éloge, l'un de la laideur et de la fièvre, l'autre de la peste, louer pompeusement l'indifférence glaciale de LL. Exc., qui est aussi une peste pour la société? En effet, quel bonheur possible sans justice!... L'a-t-on faite à tous et en tout lieu?... les preuves sont là pour répondre.

Nos ministres ignoraient-ils que la droiture, la bonne foi, la probité, la justice, la justice surtout, n'ont jamais eu de nombreux ennemis; et que ce sont là les élémens véritables, et même les seuls possibles aujourd'hui pour un gouvernement qui veut être à la fois considéré, stable, fort, et pourtant respecté?...

« La justice est des rois le plus noble partage :
« Elle est de leur grandeur le plus digne soutien ;
« Par elle ils sont de Dieu la véritable image,
« Et les autres vertus sans elle ne sont rien. »

ÉPITRE PHILOSOPHIQUE

A MON AMI B***

SUR

LES TORTILLEMENS

DE LA GENT ORGUEILLEUSE, AVIDE ET BIGOTE.

Telle que gentille bergère,
Qui sait si bien avec candeur
Rire, chanter, aimer et plaire,
Agaçante, vive et légère,
Pleine de grace et de fraîcheur,
Ta Muse sait ravir un cœur....
Je te l'avoûrai sans mystère;
J'abhorre dans tous les discours
Les tortillemens hypocrites.
Orateurs, auteurs chattes-mites,
Au diable soient tous vos détours,
Car je redouterai toujours
La fourbe affreuse des Jésuites.

Fidèle à mon pays et soumis à ses lois,
A vingt ans je comptais dans les rangs de la France;
Dans ces rangs dont l'Europe a connu la vaillance ;
Le fer m'a fracassé deux membres à la fois.
Victimes plus que moi de ce bouillant courage,
Qui de tous nos guerriers guidait la noble ardeur,
Au champ de gloire, atteints par un plomb destructeur,
Combien de nos amis ont vu le noir rivage!.....
Hélas! plus d'une fois, envieux de leur sort
   Et de leur noble quiétude,
Je me suis dit : Avant de recevoir la mort,
Comme nous, ils n'ont pas connu l'ingratitude,
Vu l'impudent orgueil, le stupide dédain,
   Venir leur enlever leur pain,
   Sans nul égard pour leurs blessures.
   Ah! gravons sur leurs sépultures:
  « Vertus, talens, courage, sans aïeux
   « Sont exhédérés en ces lieux. »
   Pour être aujourd'hui valeureux,
Il faut avoir ou feindre une illustre origine!
Aussi voit-on la croix briller sur la poitrine
De tant de chevaliers! Eh! combien de ces preux
   N'ont cependant vu d'autres feux
   Que ceux de leur noble cuisine.
Mais voyant sous mes yeux tant de faits repoussans,
   Je prends ma course vers les champs..... [1]

Là les hôtes heureux de quelque vert bocage
Vont gaîment proclamer le retour du printemps,
Fêter la liberté que des hommes méchans
    Proscrivent du moindre village.
Là tout sourit, tout plaît, rien ne sent l'esclavage.
    Sous ces voûtes où maint oiseau
    Trouve sur un frêle rameau
    Un abri sûr contre l'orage,
De tant de fats l'insipide langage,
    L'orgueil des grands, l'ennui des sots,
    Et l'air risible qu'aux bigots
Escobar imprima sur un triste visage,
    N'empoisonnent pas le repos
Du laboureur, de l'amant ou du sage......
    Adieu, tristes et vieux remparts,
    Des vivans noble sépulture;
    Adieu, jeunes et vieux cafards;
    Adieu, centaine de bavards;
    Vous, cloches de sinistre augure,
    Chevaliers de triste figure,
    Je vous dis adieu pour long-temps.
    Adieu, jaloux, fâcheux, pédans,
    Sot orgueil, perfide imposture;
    Adieu, portes à deux battans,
    Fort utiles pour les sortans
    Mais ne servant plus, je l'assure, [2]

Vu leur précoce fermeture,
Qu'à rançonner les habitans ;
Adieu pour jamais, je le jure,
Je marche, et, tout près d'un buisson,
Je trouve un ami plein de zèle ;
La bienveillance universelle
D'un être gracieux, affable, juste et bon,
Qui par ses qualités n'a pas eu de second.
Il visitait le toit rustique
D'un misérable bûcheron.
Cet être-là n'est pourvu, me dit-on,
Ni de titres ni d'écusson ;
Il n'a pas même un nom patronimique.
Ce personnage sans façon
Et d'une bienfaisance unique,
Est nommé par le genre humain
Soleil. Sa nature est divine,
Et pourtant aucun parchemin
N'a consacré son origine.
Laissons la petite grandeur
Jouir en paix de sa chimère,
De son mérite imaginaire,
Puisqu'elle y trouve son bonheur :
Le siècle saura bien faire justice entière.
Que ce soit préjugé, vice, erreur ou défaut,
Le dicton *comme il faut* est chose singulière.

Pourquoi ne dit-on pas plutôt :
Des hommes comme il n'en faut guère?
Si chaque homme était comme il faut,
Qui voudrait cultiver la terre?
Admettez pour le genre humain
Que chacun soit ce qu'il veut être,
Et pour ne pas mourir de faim,
Il nous faudra tous aller paître. [3]
Mais lorsqu'on a vu disparaître
La censure, à la fois, son déplorable auteur,
Leur noire et détestable humeur,
Tout bon Français a cru renaître.
Lors, une joie insigne a fait battre son cœur.
Mainte fois cette fourbe et vile courtisane,
A troublé jusqu'en sa cabane
La douce paix du laboureur.
Il est enfin chassé, l'affligeant maléfice
D'écrivains avilis, dégradés, sans pudeur,
Valets rampans d'une abjecte police,
Et que l'on décorait du beau nom de censeur.
Ah! flétrissons ce rigorisme ;
Puissions-nous voir précipiter
Toute espèce de despotisme ;
Anéantir le fanatisme,
Et tout à la fois dégoûter
De ce tortueux bigotisme

Qui nous a si fort tourmenté!...
Oui, puisse être décrédité
Le faux Dieu de la gent cagote,
Le sot préjugé qui garrotte
La trop crédule humanité;
Quand la merveilleuse clarté
Des plus heureux dons du génie,
Quand la raison, quand l'équité
S'offrent pour charmer notre vie!...
Mais non, vient une loi qui frappe avant la loi,
Et le gouvernement n'est plus celui du roi.
Ainsi, grace à la ruse et de Rome et des prêtres,
Le serviteur des serviteurs,
S'est fait modestement le grand maître des maîtres, 4
Ou si tu l'aimes mieux, le seigneur des seigneurs.
Le prêtre intéressé, changeant avec adresse
Les excès en devoirs, les plaisirs en dangers,
Aux doux bienfaits de Dieu nous rendant étrangers,
Ne laisse que la peur, le jeûne et la tristesse;
Et c'est même un mérite assez grand aujourd'hui,
De se donner le ton de secourir autrui!
C'est ainsi que l'on croit imiter les apôtres:
Jeter, au vu de tous les yeux,
Quelques fractions à des gueux,
Des sommes que l'on prend dans la poche des autres!...
Je dois en convenir, le moyen est heureux,

Pour être à bon marché constamment généreux.
Plus d'un quidam loti de bonne sinécure,
    Pour bien masquer son imposture,
    Ne manque pas journellement
Au temple du Très-Haut de venir saintement
Offrir son ame noire et sa triste figure;
Car notre politique avec son éteignoir
De nos hommes d'état avait couvert la tête;
Si bien que le barreau, l'église, le comptoir,
La toge, le plumet, le manteau, la houlette,
    De la sacristie au boudoir,
    Du flageolet à la trompette,
Tout, tout était compris dans sa vaste conquête.
    Ainsi que moi chacun a pu la voir
    Avec adresse un jour de fête,
    Pour faire sa cour au pouvoir,
Agiter à propos l'odorant encensoir;
    Tantôt bien humble et tantôt fière,
Ici grave et rigide, et là dans l'abandon,
Fuyant les grands ou bien flairant à la portière,
    Elle arbore toute bannière.
    Elle règne chez tout libraire;
    Discours, roman, drame ou chanson,
Nous offre encor ce vrai caméléon;
    Et j'ai même quelque soupçon
    De le trouver jusque dans la prière....

Grace à tes soins pieux, on pourrait dans un jour,
  Milice sainte et bien aimée,
Tout en convertissant la ville et le faubourg,
  Confesser encor une armée. 5
  Une fois souviens-toi, pourtant,
  Qu'un prêtre selon l'écriture,
Juste, bon, charitable, éclairé, tolérant,
Ne va pas, sans pitié, refuser au mourant
  La prière et la sépulture.
  Nul ne l'a vu, certainement,
Nous montrer un Dieu bon courroucé constamment.
Il ne va pas, non plus, débiter dans un temple
  De longs sermons qu'on écoute en dormant,
Ni quelque grand discours, furieux, fulminant;
On sait que des vertus il nous donne l'exemple.
Oui, le voilà, le digne et vénéré pasteur!
Et crois-tu fermement que la bonté sublime
  De notre divin Créateur
Veuille qu'en tout pays les peuples on opprime?
Qu'on répande en son nom le trouble, la terreur?
Non! le dieu mort pour nous n'est pas le dieu du crime,
  Du fanatisme et des tourmens.
Si différens qu'ils soient d'usage, de figure,
  Tous les humains sont ses enfans:
Sa suprême bonté se manifeste aux sens
  De la plus pauvre créature.

La violence et l'imposture
Ne viennent point souiller ses décrets tout puissans,
Ni sa gloire éternelle et pure.
La cène fraternelle et les plus doux penchans,
Tant de faits merveilleux, tant de riches présens,
L'onde, les cieux, les astres, la verdure,
La splendeur que partout nous offre la nature,
Proclameront à tout jamais
Son pouvoir infini comme sa tolérance.
Et pourquoi plus que lui distinguer désormais
Couleurs, goûts, rits, modes, croyances?
Que la bonté, que l'indulgence
Nous fassent tous jouir en paix
Des trésors de sa bienfaisance.
La paix, la liberté, ces dons si précieux,
Révérés par les hommes sages,
Démontrent aux mortels l'excellence des cieux.
Juifs, turcs, chrétiens, indous, païens, quakers, sauvages,
Sont tous l'œuvre du même Dieu :
Et qu'importe la forme, et le temps, et le lieu?
En paix rendons lui nos hommages.
Contraire à cet esprit se montrait le pouvoir.
Si trois places vaquaient dans une bonne ville,
Qui les avait? l'honneur? la vertu? le savoir?...
Non, Pierrot, Cassandre et Basile.
Rien n'est changé pourtant dans mon pauvre pays!..6

2.

La commune, l'octroi, maire, adjoints et commis,
  Du séminaire à la caserne,
On voit le jésuitisme et tous ses bons amis ;
La congrégation seule encore gouverne.
Où trouverons-nous donc franchise et loyauté ?...
   Amour sacré de la patrie
  Rare valeur, sévère probité,
   Évangélique piété,
Honorable vertu, charmante modestie,
Toi, mérite réel, vous, notables talens,
Qu'êtes-vous devenus ?.... O triste et pauvre France !
Qui n'aurait pas maudit tous ces hauts gouvernans,
Sourds au cri de l'honneur, froids pour la bienfaisance,
Paralysant partout les nobles sentimens ?
Ministres oublieux de tant de beaux sermens,
T'offraient-ils la lueur de la moindre espérance ?...
 Vous, ministres nouveaux, de grace rassurez
Tous ceux qui, comme moi, doutent de votre zèle ;
Avouez-le, les torts sont-ils tous réparés ?...
Voici ce qu'on disait à l'illustre séquelle
  De cet introuvable Villèle ;
« Résignez-vous, seigneurs, bientôt vous tomberez (a) :
« La chute est un malheur, sans doute, il faut le dire,
  « Dont il ne convient pas de rire ;
« Mais tout comme le bien, le mal a ses degrés ;

(a) Promenades philosophiques du même auteur.

« Sur cette échelle, enfin, le jugement se fonde :
« Eh ! le chagrin cuisant des tyrans abhorrés
« Est un plaisir bien doux pour tout le monde. »
Le plaisir fut complet ; nul ne l'a contesté.
   Or, je m'en enquiers à la ronde ;
Nul oppresseur, avide, intrigant, éhonté,
  Nul faussaire décrédité
N'est-il plus magistrat dans ma belle patrie ?...
   La bassesse, la flatterie
   La sottise, l'iniquité,
   La funeste cupidité
Qu'accompagne souvent la noire perfidie,
   Les a-t-on mises de côté ?
Vous voit-on protéger de l'utile industrie
   La productive activité ?
   Chaque jour, avec dureté,
Le fisc n'en va-t-il pas frapper l'économie,
Pour doter largement la molle oisiveté
De quelque ambition sottement anoblie ?....
Veut-on partout honneur, bonne foi, dignité ?
Où trouver, dis-je, enfin, franchise et loyauté,
   Si le pouvoir nous les dénie ?
   Moi, j'aime cette bonhomie,
   Ce ton charmant de liberté
   Qui, sans chercher mainte saillie,
   Aisément à l'esprit s'allie,

Sans altérer la vérité.
Le naturel est la parure
De tout discours accrédité;
Tel, ton écrit que j'ai cité.
Quelle différence d'allure
Dans le pathos de ce pédant
Dont le récit fait pesamment,
Met notre esprit à la torture !
Qui nous débite arrogamment
Des faits dont la raison murmure,
Des actions contre nature,
Et qu'il exalte impudemment !...
Cherchant le vrai sans vêtement
Et fuyant la ville importune,
Je te déclare franchement
Que je repousse hardiment
L'auteur même et toute brochure
Où l'on étale un argument,
Dont l'équivoque fondement
N'offre ni preuve ni mesure.
Ta muse n'a pas ce travers ;
Elle t'inspire de beaux vers :
Mais dans tes vers ce qui me fâche,
C'est que, tournés très joliment,
Ils aillent louer bonnement
Un vieux podagre qui rabâche.

Or, je le dis pour qu'on le sache,
Il est bon de louer; mais quoi ?..... la probité ;
Et ta tâche sera petite, je l'assure.
    Ami de la simplicité,
    Souvent j'ai vu sous des habits de bure
    L'honneur, le savoir, la droiture;
    Mais s'il est une vérité,
C'est que depuis l'annuelle capture
    D'un budget toujours augmenté,
    Il est rare que la dorure
    D'un personnage bien renté
    Annonce une ame noble et pure;
Elle est plutôt avec la pauvreté.
Soyez comte, marquis, chevalier, duc ou prince,
Plastronné de cordons, dans l'or empaqueté;
Remontez jusqu'aux Huns par votre antiquité :
Si votre cœur est sec, si votre esprit est mince,
    Tout n'est en vous que sotte vanité.
Les plus riches atours ne sont pas la beauté;
L'éclat du plus grand nom ne fait pas le mérite :
Le pompeux appareil d'une brillante suite
Ne sauve même pas un monarque hébété
    D'une fatale nullité.
    Dis-moi donc quelle est ta nature,
    Sotte et bizarre créature!.....
J'ai vu bien des manans jouant les grands seigneurs ;

Bien des laquais singeant leur maître;
Et, comme moi, chacun a bien pu reconnaître
Maints fades charlatans parmi nos orateurs.
 J'ai vu de plus, mais j'ai vu par centaine,
  Des perroquets, des serpens, des hiboux,
   Des furets, des renards, des loups,
    Avec une figure humaine.....
   Du pouvoir on doit d'autant mieux
   Agrandir la noble carrière,
   Que l'on blâme presqu'en tous lieux
   Des employés la fourmilière.
   Chez nous leur nombre, en vérité,
   Suffirait à quatre royaumes;
   La ruine de la cité
   Est source d'or pour certains hommes.
Et parmi ces mangeurs à tous les râteliers,
  Dont la concurrence importune,
  Qui n'a vu maints preux chevaliers,
  Tous bien armés de chandeliers,
  Dans l'église de leur commune,
  Bravant le feu de l'encensoir,
Édifier ainsi les dévots du pouvoir!...
C'était là le courage et l'unique savoir
   Qu'il fallait pour faire fortune.
   Des prédicateurs ambulans,
Toute la piété réduite en faux semblans!...

Oui. Voilà donc les maux que fait la gent bigote!...
Dans nos départemens rien n'est encor changé :
De gré, de force, il faut que tout tienne au clergé.
 Eh! qui ne croirait pas que le pouvoir radote
 En souffrant, sous ses yeux, un tel égarement?
  Bientôt je te plaindrais, vraiment,
  Si, parcourant tout le royaume,
  Il te fallait *subitement*
  Trouver un parfait honnête homme.
  Tu trouverais maint avocat
  Dont le beau parler se démontre;
  Mais souvent le plus délicat
  Plaidera le pour et le contre.
  On aimerait le magistrat
  Qu'aura prôné mainte gazette;
  Mais d'autre part on te dira,
  Bon dieu! c'est une girouette.
  Ce grand seigneur auprès de moi
  Certainement trouverait grace;
Il chérit tendrement et la France et le roi;
Mais il aime encor mieux ses rubans et sa place.
  Toutes ces choses, j'en convien,
  Ont été dites et redites;
Est-on plus tolérant, plus juste, plus chrétien?
Sur quarante dévots réputés gens de bien,
On craint de rencontrer trente-neuf hypocrites.

Je connais un prélat donné pour bon pasteur ;
La gazette du moins lui rend cette justice.
Convertisseur ardent, digne du saint-office,
Des intérêts du pauvre illustre défenseur,
Pourvu, mais affligé, d'un riche bénéfice,
  On voit ce saint prédicateur,
Des bienfaits du Très-Haut juste dispensateur,
Et de par sa bonté douce, consolatrice,
Il refuse un centime à l'indigent qui meurt
Faute de soins : cependant de bon cœur
  Il lui donne un Dieu vous bénisse.
Et cet or qu'on vous donne est pour les malheureux!... [7]
  Hélas ! vous avez, ce me semble,
  Métaux chéris et dangereux,
  Plus d'adorateurs à vous deux, [8]
Que Jésus, que la Vierge et les saints tous ensemble.
  Voyez cette modeste croix
Sur l'autel que profane un luxe de la sorte !
Un Dieu si bon, sans doute, aimerait mieux cent fois
Voir dans son temple encor des chandeliers de bois,
  Que tant de pauvres à la porte.
Mais revenons à toi ; dans ton hymen d'abord,
  Faire des vers est un grand tort.
  Rimer près d'une belle dame,
  Négliger un pareil trésor,
  En conscience, je crois fort

Qu'un tel fait est digne de blâme.
Mari vivant est censé mort
Lorsqu'il rime près de sa femme.
Quoi! gratter ton cerveau cent fois,
Pour y trouver rimes pareilles!
Lorsque tu peux avec deux doigts,
Soulever tel voile, à ton choix,
Qui doit recéler des merveilles!
Ah! mille poèmes, vraiment,
Ne valent ce contentement.
A ta moitié que l'on admire
Si tu fais lire ce fragment,
Je puis compter assurément
Sur le plus aimable sourire;
Mais qu'est un souris maintenant
A qui s'en va clopin, clopant!...
Adieu donc les plaisirs, les jeux et la folie,
Par qui mon cœur brûlant fut jadis transporté!
Maintenant insensible, inquiet, attristé,
Je le sens battre à peine à la voix d'une amie;
A peine s'il conserve en sa sombre apathie
  Une étincelle encor pour la beauté.
Résigné, pur, aimant la douce liberté,
J'attends paisiblement le terme de ma vie.
  Puissé-je oublier pour toujours
Jacobins, chambellans, sénateurs et vautours,

Hypocrites enfans de ma noble patrie,
    Qui dans son sein ont ramené
    Un cortége de tyrannie.
Quel sage citoyen ne fut pas consterné,
    France valeureuse et chérie,
En voyant triompher un ennemi vainqueur
Qui dut au nombre seul une heureuse journée!....
A sa suite apparut maint comique traîneur...
Ce bataillon tardif, milice surannée,
Vint ravir sans combat, sans gloire, sans honneur,
    A la bravoure consternée,
Les lauriers que trente ans moissonna la valeur.
  France, à ces beaux habits trempés de musc et d'ambre,
Sous ces croix, ces cordons, ces titres, ces honneurs,
Reconnaissais-tu bien tes vaillans défenseurs,
Transformés qu'ils étaient en plats valets de chambre!
    Oh! ridicule vanité!
Abandonner ainsi la véritable gloire,
    Un grand mérite incontesté,
Qu'on gravait sous nos yeux pour l'immortalité!.....
    Oh! triste et fatale mémoire!
Attenter tellement à notre dignité,
Que l'histoire d'un singe est presque notre histoire!...
Tout d'un singe offre ici la drôle parenté.
Que si nos alguazils n'ont sa dextérité,
Bon nombre en a du moins et la ruse et la face.

Qui ne craint pas, sous le manteau d'Ignace,
De rencontrer sa griffe et sa duplicité?
Quant au César caduc récemment breveté,
  Qui se mire dans cette glace,
Comme lui portant queue, il n'est pas mieux botté.
 Tu trouveras chez plus d'un homme en place
Sa malice à coup sûr, rarement sa gaîté.
En courbettes pourtant plusieurs l'ont imité :
D'autres, en plus grand nombre, ont marché sur ses traces.
Combien de substituts ont sa légèreté ! [6]
Tels et tels parvenus ont conservé ses graces,
Le mouchard son astuce et son air effronté,
  Et le courtisan ses grimaces.
Voilà sur ces messieurs quel est mon sentiment.
  Je me résume clairement ;
  La vertu seule a mon hommage.
  J'aime que l'on soit noblement
 Français de cœur, d'esprit et de langage.
  A mes yeux l'adulation
  Aura toujours mauvaise mine;
  Je suis de l'opposition
  Quand l'injustice prédomine.
 Soutien du trône et de nos droits,
  De la liberté sans licence,
 Ami des mœurs, appui des lois,

J'aime l'honneur, comme la France.
Oui, peu m'importe la couleur,
Lorsque sans tache est la bannière ;
Je tiens aux qualités du cœur
Plus qu'aux croix d'une boutonnière.
Maints bonnets rouges, noirs ou blancs,
Dans plus d'un fait que nul n'ignore,
M'ont paru presque ressemblans
Par des excès que l'on abhorre.
Le paix a renvoyé de vaillans défenseurs ;
Et cette paix qui m'est si chère,
A payé d'autres serviteurs
Venus de Gand, de Coblentz, d'Angleterre : [10]
(Eh ! qui sait, peut-être d'Alger !)
Il en vint telle fourmilière !...
C'est qu'il n'existait plus une ombre de danger. [11]
Mais l'énorme budget de France
Ne laisse rien sans récompense :
Et grace à d'immenses menus,
Virils, imberbes ou chenus,
Aucun n'a manqué de pitance,
Bien qu'ils soient tous très tard venus.
Toi pour qui le plaisir abonde,
Prends donc les choses plus gaîment ;
Laisse rouler ce pauvre monde

Tout comme il va : Dieu sait comment!
Un propos peut te compromettre :
Il vaut bien mieux ne dire rien.
Un seul mot en mal comme en bien
Pourrait te ravir ton bien-être.
De quoi s'agit-il, après tout ?
De vices et de ridicules.
Hélas! mon ami, cent Hercules
Ne sauraient en venir à bout.
Je te le dis sincèrement,
Notre voix n'est pas assez forte;
Nous clabauderions vainement
Contre une semblable cohorte.
Qui pourrait citer aujourd'hui
De Tartufe mainte grimace?
On sait que plus d'un homme en place
Ne veut pas qu'on parle de lui.
Remplis d'un noble sentiment,
Vanterons-nous Desaix, Turenne?
Des noms si chers en ce moment
Pourraient nous plonger dans la peine;
Taisons la gloire et la vertu;
Car ce serait une imprudence
Que de parler vertu, vaillance
Devant nos Césars impromptu.

Que nos accords seraient maudits,
Si ne pouvant enfin nous taire,
Nous allions prôner les écrits
De Jean-Jacques et de Voltaire!
Et si de Sully, de Colbert,
Nous osions louer la sagesse;
Oh! pour le coup, je le confesse,
Cela serait par trop amer.
Laisse grimacer à la ronde
Tartufe, espion, intrigant;
Laisse-les vivre grassement
D'un gros budget sur qui se fonde
Leur appétit toujours croissant,
Chacun tour à tour caressant
Le Trésor et le Ministère.

Toi que les Amours et leur mère
Ont su lier intimement,
Ton sort n'est pas sans agrément.
D'ailleurs la gloire littéraire
Vaut-elle bien certainement
Une faveur, un sentiment,
Une boutade passagère,
Puis un doux raccommodement
Et le plaisir d'un tendre amant,
D'aimer, de jouir et de plaire?....

Crois-moi, goûte paisiblement
Ce bien que pour toi je désire;
Des jours si beaux probablement
Pour moi, chétif, ne vont reluire.
S'ils renaissaient!.... je puis le dire:
Pour en jouir bien longuement,
Je donnerais tout un empire.

NOTES.

1 Page 12. Mais voyant sous mes yeux tant de faits repoussans,
   Je prends ma course vers les champs.

Las de rire de l'orgueil des parvenus, de l'arrogance de tant de gens à quartier, de la brigue des patelins du jour, et de la coupable audace de mille tartufes éhontés, l'auteur se retire à la campagne.

2 Page 13.   Mais ne servant plus, je l'assure,
    Qu'à rançonner les habitans.

Une loi municipale impatiemment attendue nous délivrera-t-elle bientôt de cette insupportable tyrannie?.... C'est à sept heures très précises du soir, que se ferment, pendant quatre mois de l'année, les portes de la ville qu'habite l'auteur.

Dans quel catalogue oriental trouverons-nous un nom pour qualifier une autorité de cette nature? Quoi! faut-il encore que les citoyens, rançonnés comme une peuplade conquise, soient incarcérés comme des malfaiteurs? A une taxe accablante par son poids, détestable par son universalité, vexatoire par sa perception, faut-il joindre encore l'infamie de la réclusion? En vérité, pour croire à de tels faits, il est nécessaire d'en être témoin.

3 Page 15. Il nous faudra tous aller paître.

On a déjà reconnu l'absurdité de préjuger, de proclamer et de récompenser le mérite, la capacité, le courage et l'honneur futur d'une race. Distinguer pour le présent, cela se conçoit, les actions sont là pour répondre; mais ériger pour un avenir impénétrable des supériorités qui, peut-être, feront rougir par leurs bassesses; décider que tels et tels naîtront et seront meilleurs et plus capables que tels autres qui vaudront peut-être cent fois davantage! cela n'est-il pas téméraire pour les uns, injuste et humiliant pour les autres, dangereux pour la patrie, décourageant pour l'émulation et désespérant pour le mérite, qui s'aperçoit qu'un autre mérite imaginaire est déjà proclamé, reconnu, impatronisé sans concours et sans jugement? Ce système est d'autant plus faux que la marche de la nature se montre toute différente.

Où sont les enfans de Platon, de Lycurgue, d'Homère, de Virgile et du Tasse? Où sont ceux de Montesquieu, de Catinat, de Turenne, de Molière, de Racine? Or, lorsque de semblables génies n'ont pu se reproduire même dans la génération qui les a suivis immédiatement, on veut que le doigt de la faveur appuyé sur tant de têtes ordinaires, nous fasse reconnaître à perpétuité, dans leurs descendans, des qualités rares et précieuses, alors même que l'absence de ces qualités est de notoriété publique!....

C'est par trop ridicule. Ce sujet-là, qui intéresse éminemment la société, ainsi que celui de la note suivante, sont plus amplement développés dans les *Promenades philosophiques autour de mon village*, du même auteur.

4 PAGE 16. S'est fait modestement le grand maître des maîtres,
Ou, si tu l'aimes mieux, le seigneur des seigneurs.

La religion était une croyance aimable, on en a fait un pouvoir détesté; elle était bonne, charitable et pleine d'espérance, on l'a rendue acerbe, menaçante et terrible; elle était simple et sublime comme son divin auteur, on l'a entourée de momeries et de superstitions; et la simplicité du langage, la pure austérité des mœurs, l'humilité d'action et cette morale si douce, si consolante, qui faisait le bonheur des hommes, ont été submergées par un torrent de folies, de caprices, d'avidité, d'ambition, de magnificence, de tyrannie et d'absurdité; enfin la créature, dotée de tous ses vices et de toutes ses imperfections, s'est mise *saintement* à la place du Créateur pour commander et se faire obéir, comme si c'était Dieu lui-même; non point comme Jésus-Christ humble, doux, pauvre, souffrant la persécution et la torture de la croix, mais fort souvent avec toute la dureté et toute la morgue du pécheur qui se délecte dans les jouissances les plus mondaines.

5 PAGE 18. Confesser encore une armée.

Les scènes scandaleuses de Nogent-le-Rotrou, de Saint-Afrique et autres sont encore trop récentes pour qu'il soit nécessaire de rappeler que, dans cette espèce *d'ouragan de piété*, que chaque ville essuie tour à tour, tous les cours et toutes les promenades sont noircis de soutanes. Les uns prétendent que ce houra apostolique est payé, protégé et encouragé par le gouvernement; d'autres disent qu'il est seulement toléré, et c'est bien assez sans doute.

6 PAGE 19. Rien n'est changé pourtant dans mon pauvre pays.

Le *chassé-croisé* espèce de course *fantasmago-administrative* que beaucoup de préfets ont faite sous nos yeux, serait une chose archi-comique, si elle n'était scandaleuse. La plupart d'iceux, gros fabricans de faux électeurs, chauds partisans des missions furibondes, fiers louangeurs du temps passé, grands adversaires du bon sens, de la raison et du savoir, exécuteurs froids et tardifs des ordonnances les plus satisfaisantes, sont-ce là réellement les hommes d'état inévitables et indispensables à notre salut?... Cette mesure a pourtant le singulier avantage de porter, à la fois, le plaisir et la douleur dans chaque département; la joie la plus vive éclate au départ de celui-ci; mais l'arrivée de celui-là porte une affliction profonde dans le cœur de tous les gens de bien. Si c'est là la politique, elle est, pour le moins, drôle.

7 Page 26. « Et cet or qu'on vous donne est pour les malheureux !...

« Un prélat par la brigue aux honneurs parvenu,
« Ne sut plus qu'abuser d'un ample revenu,
» Et pour toutes vertus fit au dos d'un carrosse
« A côté d'une mitre armorier sa crosse. »

Lutrin.

La bonté a un caractère indélébile ; ses attributs sont sensibles et invariables ; elle produit, donne, répand, console, réjouit, fait aimer. Je vois un train de grand seigneur à un homme qui a fait vœu de pauvreté, quel apôtre, grand Dieu !

. « Qui déjà tout confus, tenant midi sonné,
« En soi-même frémit de n'avoir pas dîné. »

Idem.

8 Page 26. Plus d'adorateurs à vous deux.

Il n'est pas besoin de dire que c'est de l'or et de l'argent qu'il s'agit, métaux qui, sans être des saints, jouissent, d'une adoration universelle.

9 Page 29. Combien de substituts ont sa légèreté !

Plus d'une ville a offert ce contraste choquant, d'un côté la gravité et l'intégrité de la justice qui rassurent, et de l'autre la jeunesse et la légèreté du ministère public qui font craindre. Tout le monde sent bien qu'il fallait indispensablement dans ce choix, de la maturité ; mais tout le monde sait aussi qu'il fallait, à quelque prix que ce fût, *du dévouement.* Il convient pourtant de dire, pour être juste, que *la faveur peyronéique* a porté exclusivement sur des enfans *comme il faut* et *bien pensans.* Si plusieurs avaient parfois la légèreté du papillon, ils avaient toujours *l'importance que donne une particule.*

10 Page 30. Venus de Gand, de Coblentz, d'Angleterre.

Le vent de la faveur qui soufflait alors, et qui caressait toutes les ambitions, même les plus saugrenues, nous amena une nuée de postulans; et l'*ôte-toi de là que je m'y mette*, qui est le *moi* sublime ou le *qu'il mourût* des réactions passées, présentes et futures, se réalisa. C'est à cette époque que toutes les incapacités imaginables se présentèrent et furent accueillies; cependant cette Sainte-Barthélemy des places a duré pour le plaisir de la congrégation jusqu'à la chute du ministère *déplorable*, expression qu'une politesse exquise a dictée pour caractériser la plus hideuse et la plus avilissante des administrations. Aucun bon Français, sans doute, ne désire un déplacement vindicatif et brutal comme celui qui s'est opéré; mais la réhabilitation des innocens et la punition des coupables, est d'une indispensable justice pour quelque gouvernement que ce soit.

11 Page 30. C'est qu'il n'existait plus une ombre de danger.

Si tout le monde s'est aperçu que tels et tels individus étaient violens de bravoure, quand il n'y avait plus l'ombre du danger, qui a ignoré qu'ils étaient à fond de cale dans les momens importans ?...

12 Page 31. Pourrait te ravir ton bien-être.

Mon ami B. est nouvellement marié. Il ne manque pas de talens, mais il habite une petite ville privilégiée, où d'illustres praticiens en révérences et en courbettes occupent toutes les places; or, le plus sûr, pour son bonheur, est de se taire, s'il ne veut pas avaler des couleuvres, ou changer son mouvement de progression contre l'allure de ces reptiles.

www.ingramcontent.com/pod-product-compliance
Lightning Source LLC
Chambersburg PA
CBHW060645050426
42451CB00010B/1216